Einsterns Schwester

4

Projektheft
Leonardo da Vinci

Herausgegeben von
Roland Bauer, Jutta Maurach

Erarbeitet von
Annette Schumpp

Cornelsen

Inhaltsverzeichnis

LEO
DA

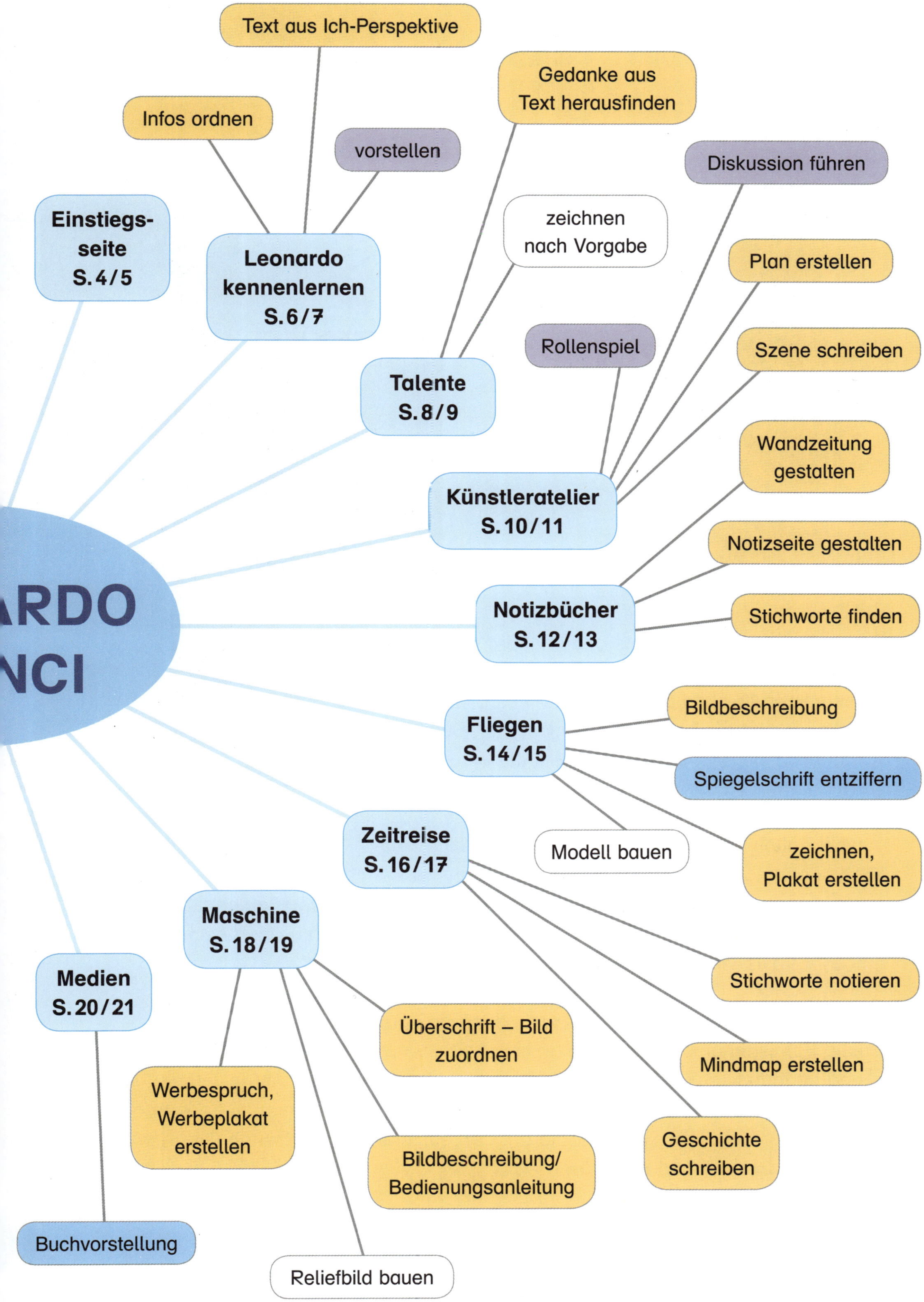

ARDO
NCI
Einstiegs-
seite
S. 4 / 5
Leonardo
kennenlernen
S. 6 / 7
Infos ordnen
Text aus Ich-Perspektive
vorstellen
Talente
S. 8 / 9
Gedanke aus
Text herausfinden
zeichnen
nach Vorgabe
Künstleratelier
S. 10 / 11
Rollenspiel
Diskussion führen
Plan erstellen
Szene schreiben
Notizbücher
S. 12 / 13
Wandzeitung
gestalten
Notizseite gestalten
Stichworte finden
Fliegen
S. 14 / 15
Bildbeschreibung
Spiegelschrift entziffern
Modell bauen
zeichnen,
Plakat erstellen
Zeitreise
S. 16 / 17
Stichworte notieren
Mindmap erstellen
Geschichte
schreiben
Maschine
S. 18 / 19
Überschrift – Bild
zuordnen
Bildbeschreibung/
Bedienungsanleitung
Reliefbild bauen
Werbespruch,
Werbeplakat
erstellen
Medien
S. 20 / 21
Buchvorstellung

Leonardo da Vinci – Wieso, weshalb, warum?

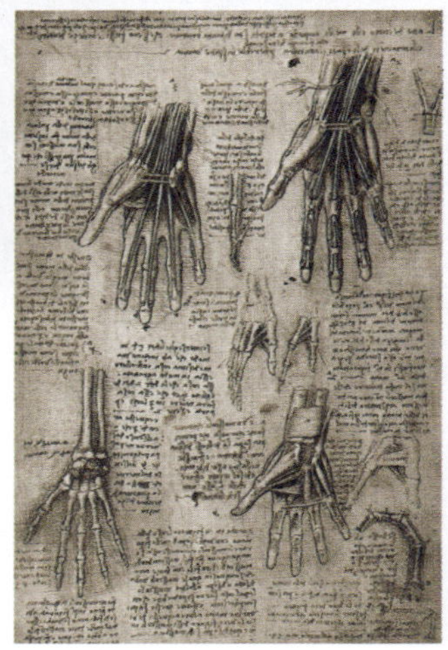

Leonardo da Vinci gilt als bedeutender Künstler und vielleicht größtes Universalgenie aller Zeiten. Er beeindruckt mit seinen Werken und Ideen als Maler, Bildhauer, Zeichner, Erfinder, Naturforscher, Wissenschaftler, Baumeister und Ingenieur die Menschen damals und heute.
Sein Leben wurde seit früher Jugend von einer unglaublichen Neugier und einem unermesslichen Forscherdrang geprägt. Er interessierte sich für alles, wollte alles wissen und verstehen. Auch eine kleine Katze konnte er stundenlang beobachten und sie war für ihn ein „Meisterwerk".
Mit diesem Projektheft könnt ihr Leonardos Leben und Werk kennenlernen und vielleicht entdecken, warum er auch heute noch, 500 Jahre nach seiner Zeit, die Fantasie vieler Menschen beflügelt.

Wir werden in diesem Heft nur von Leonardo sprechen, denn „da Vinci" ist kein Familienname. Dieser Zusatz leitet sich von seinem Heimatort Vinci ab und bedeutet „aus Vinci".
Am Ende des Heftes findet ihr ein Glossar (Wörterverzeichnis) zu Leonardo und seiner Zeit. Hier könnt ihr die auf den einzelnen Projektseiten lila gesetzten Wörter nachschlagen und klären.

Für eure Projektarbeit wünschen wir euch die Neugier und die Begeisterung Leonardos, viele Ideen und Ausdauer.

Und so geht es:

Zu jeder Doppelseite könnt ihr immer auch:

- einen Text zusammenfassen oder abschreiben,
- Bilder malen und beschriften,
- eigene Geschichten erzählen oder schreiben,
- weiterforschen,
- kleine Vorträge vorbereiten und halten,
- ein Plakat gestalten,
- und ganz wichtig: eure eigenen Ideen einbringen.

Und so könnt ihr eure Arbeitsergebnisse sammeln und präsentieren:

Den Jungen Leonardo aus Vinci kennenlernen

Kunst- und Geschichtsforscher haben nicht sehr viele Informationen über die Kindheit Leonardos gefunden. Zum Zeitpunkt seiner Geburt hatte sicher niemand daran gedacht, dass er einmal ein berühmter Künstler, Wissenschaftler und Erfinder werden würde. Sein Großvater hatte sein Geburtsdatum in einem Notizbuch aufgeschrieben.

1 Lest die gesammelten Informationen genau durch.

geboren am 15. April 1452 in der Nähe von Vinci

beobachtete und zeichnete Eidechsen, Schmetterlinge, Vögel, Frösche, Schlangen und andere Tiere

lebte vor mehr als 500 Jahren

sein Vater: der Notar Ser Piero da Vinci

Sein Großvater brachte ihm Lesen und Schreiben bei.

seine Mutter: das Bauernmädchen Caterina, ihr Nachname ist unbekannt.

verbrachte eine schöne Kindheit vor allem bei der Familie seines Vaters, den Großeltern Lucia und Antonio da Vinci, seinem Onkel Francesco und seinem Vater

Vinci – ein Dorf in der Nähe der Stadt Florenz in Italien

Seine Eltern heirateten, vermutlich wegen des Standesunterschiedes, nicht.

erkundete neugierig die hügelige Landschaft der **Toskana** mit Weinbergen, Olivenhainen, Zypressen und Pinien

sah seine Mutter nur selten, sie hatte einige Zeit nach seiner Geburt einen Bauern geheiratet

interessierte sich schon als kleiner Junge für die Natur

genoss viel Freiheit und streifte oft durch die Wälder und am Fluss Arno entlang

Zeichnen war eine seiner Lieblingsbeschäftigungen.

Sein Onkel Francesco erklärte ihm viel über die Tiere und Pflanzen in der Umgebung, die sie zusammen erforschten.

→ siehe Seite I

2 Schlüpft in die Rolle von Leonardo und stellt euch als Leonardo jemandem vor.

Geburtshaus Leonardos

3 Ordnet die Informationen und verfasst daraus einen zusammenhängenden Text in der Ich-Form.

4 Bereitet mit den Informationen ein Interview mit Leonardo vor und präsentiert es in eurer Klasse.

Landschaft im Tal des Arno, Federzeichnung 1473, das Bild liegt heute in Florenz.

Sucht im Internet Bilder von der Toskana.
Vergleicht sie mit Leonardos Zeichnung aus dem Jahr 1473.

→ siehe Seite I

Leonardos Talente erkennen und seine Zukunft planen

1 Lest den Text.

Leonardos Vater Ser Piero machte sich früh Gedanken um Leonardos berufliche Zukunft. Er wusste, dass sein Sohn niemals eine höhere Schule besuchen oder an einer Universität studieren durfte. Dies war für unehelich geborene Kinder in der damaligen Zeit nicht möglich. So konnte Leonardo, obwohl er der älteste Sohn war, auch nicht Notar werden wie sein Vater.

Schon bald aber erkannte der Vater die besonderen Interessen und vielfältigen künstlerischen Talente seines Sohnes. Bei Leonardos Streifzügen durch die Natur entstanden viele außergewöhnliche Zeichnungen von Tieren, Pflanzen und Landschaften. Leonardo zeichnete die Dinge nicht nur ab, sondern er wollte sie verstehen.

Häufig nutzte er auch den Brennofen der Großeltern. Er töpferte Vasen, Geschirr und kleine **Skulpturen**. Oder er knetete aus Wachs kleine Tiere. Ser Piero staunte über die Beobachtungsgabe, die Fantasie und die Wissbegierde seines Sohnes und war sehr stolz auf ihn.

So blickte Ser Piero beruhigt in die Zukunft, da Leonardo wohl als Handwerker oder Maler sein Auskommen haben würde.

Eines Tages nahm er eine Auswahl von Leonardos Zeichnungen und traf sich mit Andrea del Verrocchio, dem damals bedeutendsten florentinischen Künstler. Dieser leitete eine große Künstlerwerkstatt und bildete junge Männer zu Künstlern aus. Ser Piero wollte die Meinung des großen Meisters über Leonardos Talent einholen. Verrocchio war beeindruckt von Leonardos Begabung und lud ihn in seine Werkstatt ein.

2 Findet heraus, welche Gedanken sich Ser Piero über Leonardo und seine Zukunft machte. Erstellt dazu ein Schaubild mit Sprechblasen.

Die folgende Anekdote erzählt eine Begebenheit zwischen Leonardo und seinem Vater. Ob sie tatsächlich so stattgefunden hat, ist nicht bewiesen. Manchmal entsprangen diese Geschichten der blühenden Fantasie von Kunstgelehrten und Geschichtsschreibern.

Einmal, als Leonardo noch ein Kind war, kam ein Bauer zu seinem Vater Ser Piero. Der Bauer bat ihn, ein hölzernes Schild mit nach Florenz in die Stadt zu nehmen, um es dort von einem Maler kunstvoll bemalen zu lassen. Ser Piero jedoch, der wusste, wie gut Leonardo zeichnen konnte, nahm das hölzerne Schild nicht mit nach Florenz, sondern gab es seinem Sohn.

Leonardo überlegte, was er darauf malen sollte, und hatte bald schon eine Idee. Er schleppte Eidechsen und Schlangen, Falter und Heuschrecken und sogar Fledermäuse in sein Zimmer und begann nach ihrem Vorbild ein scheußliches Ungeheuer auf das Schild zu malen, ein Monstrum, dem Feuer und Rauch aus Augen und Nasenlöchern sprühten.

Als der Vater das Bild sah, erschrak er so sehr, dass er am liebsten aus dem Zimmer gelaufen wäre. Dieses Bild war ja das reinste Wunderwerk. Der Vater verkaufte es heimlich für die enorme Summe von einhundert Dukaten nach Florenz.

Für den Bauern besorgte er ein neues Holzschild, auf dem ein Herz gemalt war, das von einem Pfeil durchbohrt wird. Er gab es dem Bauern, der ihm sein Leben lang dafür dankbar war.

Brigitte Jünger

3 Zeichnet nach der Beschreibung in der Anekdote Leonardos Drachenschild. Überlegt, was die Anekdote über Leonardo aussagen möchte.

Finde heraus, auf welcher Euro-Münze ein Teil einer Zeichnung von Leonardo zu sehen ist. Vielleicht kannst du eine solche Münze mitbringen.

Bei Verrocchio im Künstleratelier lernen

1469 wurde Leonardo im Alter von 17 Jahren als Lehrling in Verrocchios Künstlerwerkstatt aufgenommen. In einer solchen Werkstatt im Florenz der damaligen Zeit erhielten die Schüler eine umfassende Ausbildung. Diese beinhaltete alles, wofür zeichnerische Begabung notwendig war: die Malerei, Bildhauerei, Goldschmiedekunst, Bühnentechnik, Architektur und vieles mehr. Ein Künstler musste damals alles lernen. Wie alle Lehrlinge begann Leonardo mit einfachen Arbeiten und durfte schrittweise verantwortungsvollere Aufgaben übernehmen.

Leonardo lernte hier andere begabte Künstler kennen und blieb auch nach Abschluss seiner Ausbildung noch viele Jahre bei Verrocchio.

1 Betrachtet das Bild der Künstlerwerkstatt. Erstellt einen Lernplan für Leonardo und notiert, welche Aufgaben er wohl im Laufe der Zeit ausführen durfte.

Lernplan
für den Lehrling Leonardo:
- fegen und putzen
- ________________
- ________________

→ siehe Seite II

2 Lest die kurze Geschichte über Verrocchio und Leonardo.
Schreibt diese Szene entweder aus der Sicht Leonardos oder Verrocchios auf.
Macht dabei auch die Gefühle der jeweiligen Person deutlich.

(in den Uffizien in Florenz)

Während der Zeit bei seinem Meister durfte Leonardo einmal einen Engel in einem großen Werk von Verrocchio malen. Es war damals üblich, dass die Schüler kleinere Teile der großen Bilder ausführen durften.

Er malte im Bild „Taufe Christi" den Engel links unten im Bild.

Leonardo war sehr stolz über diesen Auftrag und wollte den Engel ganz besonders malen.

„Alles, was er bisher bei seinem Meister gelernt hat, will er nun in diese eine Figur legen. … Als Verrocchio den Engel zum ersten Mal erblickt, ist er sprachlos. Wie alle anderen bestaunt und bewundert er das, was Leonardo da geleistet hat. …

Gleichzeitig ist der Meister bestürzt: Sein Schüler, noch ein Kind, kann besser malen als er selbst? Verrocchio beschließt, das Malen für immer aufzugeben."

Silke Vry

3 Spielt die Szene in einem Rollenspiel.

4 Diskutiert, was der Verfasser dieser Anekdote wohl über Leonardo da Vinci aussagen wollte.

Versucht herauszufinden, wer den anderen Engel in diesem Bild gemalt hat.

→ siehe Seite II

In Leonardos Notizbücher blicken

1 Lest den Text.

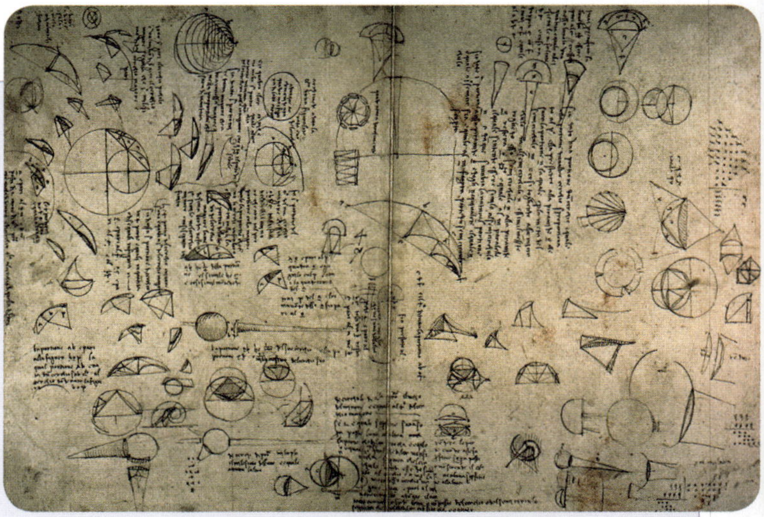

Schon in früher Jugend begann Leonardo seine Beobachtungen, Zeichnungen und Ideen in seinen kleinen Notizbüchern festzuhalten. Er soll immer ein kleines Notizbüchlein an seinem Gürtel getragen haben.

Ständig schrieb und zeichnete er auf, was ihm ins Auge sprang, worüber er nachdachte, was um ihn herum geschah oder was ihm wichtig war. Er ordnete die Seiten und Büchlein selten nach Themen. Manchmal machte er sich sogar zu mehreren Themen auf einer Seite Notizen.

In seinen Notizbüchern finden sich viele Erfindungen und Aufzeichnungen zu vielfältigsten Themen: zu Pflanzen und Tieren, Flugapparaten, zum Menschen, zur Bewegung des Wassers, **Architektur**, Mathematik, **Astronomie** und zur Technik.

Leonardo schrieb sehr ausführlich und die Seiten waren zum Teil sehr dicht beschrieben. Er war Linkshänder und schrieb in Spiegelschrift. Es wird vermutet, dass er deshalb von rechts nach links schrieb, um beim Schreiben die Tinte nicht zu verwischen. Vielleicht aber auch, weil so seine Gedanken nicht auf Anhieb zu entziffern waren und er sie geheim halten wollte?
Für manche seiner Ideen wurde er in der damaligen Zeit noch für ziemlich verrückt gehalten. Im Laufe seines Lebens sammelten sich viele Tausend Seiten voller **Skizzen** und Gedanken an.

Etwa 7000 dieser Blätter sind noch erhalten, aber vermutlich sind ebenso viele verloren gegangen. Nach Leonardos Tod begann sein Schüler Francesco Melzi, diese Aufzeichnungen zu ordnen. Manche wurden zu Büchern gebunden, sogenannten **Codices**, und sind vor allem in einigen großen Museen in England, Frankreich und Italien zu bewundern.

→ siehe Seite III

2 Sucht im Text die wesentlichen Informationen und schreibt sie in Stichworten auf Wissenskarten.

3 Gestaltet selbst eine Seite wie die aus Leonardos Notizbuch.

a) Bereitet eine Kanne mit starkem schwarzen Tee zu.

b) Färbt damit mit einem dicken Pinsel einen Bogen Papier ein und lasst es trocknen.

c) Zeichnet darauf mit dicken Holzfarbstiften in Schwarz oder Braun eure eigene Beobachtung oder Idee.

d) Schreibt dazu wie Leonardo eure Gedanken in Spiegelschrift auf. Kontrolliert mit einem Spiegel.

e) Wenn ihr Lust habt, könnt ihr eure Zeichnung noch mit Buntstiften oder Wasserfarben kolorieren.

Taha

Anna-Lena

4 Gestaltet mit euren Karten und euren eigenen Seiten eine Wandzeitung.

Die Blätter aus Leonardos Notizbüchern sind in großen Museen zu sehen. Findet heraus, in welchen Museen sie liegen.

→ siehe Seite III

Vom Fliegen träumen und Fluggeräte entwerfen

Seit seiner Jugend träumte Leonardo seinen Traum vom Fliegen. „Seit damals, als ich in der Wiege lag und mich ein **Milan** mit seiner Schwanzfeder berührt hat“, wie er erzählt haben soll. Wie gerne würde er sich wie ein Vogel in die Lüfte schwingen. Er war stets überzeugt, dass man Vögel und andere Tiere nachahmen sollte, die die wunderbare Fähigkeit zu fliegen beherrschten.

1 Entziffert die Texte in Spiegelschrift und lest sie euch gegenseitig vor.

Der große Vogel wird seinen Flug vom Schwanenhügel bei Florenz antreten und die ganze Welt wird staunen.

Leonardos Traum war, eine Flugmaschine zu erfinden.
In seinem Tagebuch notierte er:

Stundenlang studierte er die Vögel im Flug und fertigte vielfältige Skizzen an. Er versuchte, alle Einzelheiten von ihrem Start bis zur Landung zu erfassen und zu zeichnen. Seine Zeichnungen sammelte er in einem Extra-Büchlein, dem Codex über den Vogelflug.

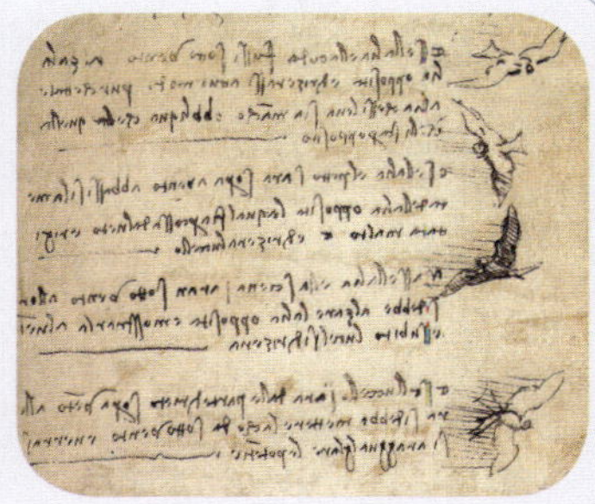

Leonardo wollte unbedingt das Geheimnis des Vogelflugs ergründen. Er versuchte, künstliche Flügel zu konstruieren, und überlegte, ob ein Mensch mit seinen Armen und Beinen die Flügel einer Flugmaschine bewegen könnte.

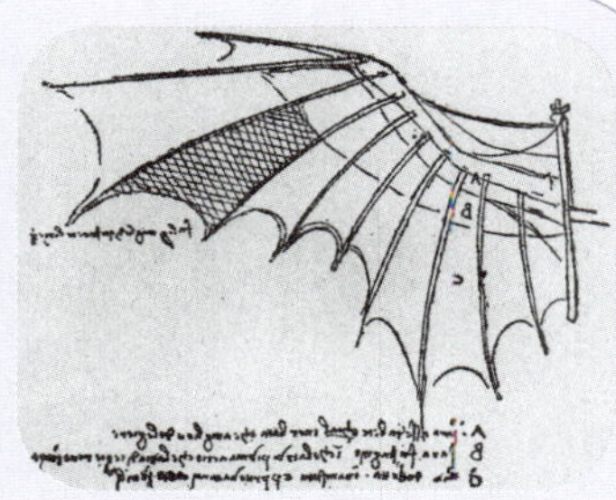

Mit seinen gezeichneten und konstruierten Flugmodellen ahmte Leonardo gerne auch Insekten und Fledermäuse nach.

2 Teilt euch die Texte auf und schreibt sie entschlüsselt ab.
Illustriert sie mit eigenen Zeichnungen und erstellt damit ein Plakat.

Leonardo hatte die Idee für eine „Flugspirale“, für einen Hubschrauber. Mit Hilfe einer Luftschraube sollte sich dieses Fluggerät wie eine Spirale in die Lüfte schrauben. Es fehlten ihm allerdings die entsprechenden Materialien sowie ein Antrieb, um seine Idee zu verwirklichen.

Noch heute begeistern Leonardos Ideen vom Fliegen und seine Flugmaschinen viele Menschen. Immer wieder sind sie auf Ausstellungen und in Museen zu bewundern.

3 Beschreibt die Flugspirale nach dem Bild Leonardos so genau, dass ein anderes Kind sie zeichnen könnte.

4 Baut eigene Fluggeräte und stellt sie bei euch aus. Verwendet das Foto und die angegebenen Materialien als Anregung und verwirklicht eure eigenen Ideen.

Leonardo auf eine Zeitreise mitnehmen

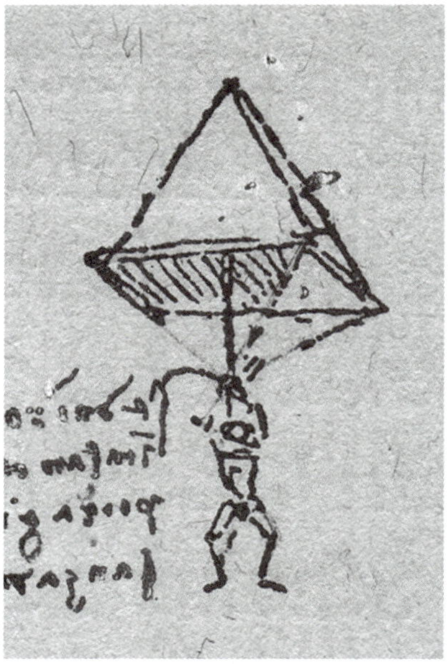

Leonardo
da Vinci

Adrian
Nicholas

Olivier
Vietti-Teppa

Leonardo hatte sich den ersten Fallschirm im Jahre 1485 ausgedacht und skizziert. Sein Fallschirm sollte aus Leinentüchern und einem Holzgerüst bestehen. Neben seiner Zeichnung vermerkte er: „Wenn du einen Tuchsack 11 Ellen lang, 11 Ellen breit und 11 Ellen hoch hast, so kannst du aus jeder Höhe springen, ohne Schaden zu nehmen.“ Wie viele seiner anderen Erfindungen probierte er auch diese nicht aus.

Der Brite Adrian Nicholas, ein erfahrener Fallschirmspringer, baute mit seinem Team den Leonardo-Fallschirm nach Originalentwürfen aus den vorgesehenen Materialien nach. Das pyramidenförmige Gerät wog 85 kg. Experten glaubten nicht, dass der Sprung mit diesem Gerät gelingen könnte. Nicholas vertraute der Idee Leonardos und am 26. Juni 2000 sprang er in 3000 Metern Höhe aus einem Heißluftballon ab. Sein Schirm trug ihn sicher zur Erde und mit Hilfe eines Zusatzschirmes konnte er sanft landen.

Der Schweizer Olivier Vietti-Teppa wollte beweisen, dass mit Leonardos Fallschirm auch eine sanfte Landung möglich war. Er hielt sich fast vollständig an die skizzierte Vorlage, verwendete aber moderne und leichtere Materialien. Am 18. April 2008 sprang er aus einem Hubschrauber. Der pyramidenförmige Schirm brachte den Schweizer sicher zu Boden. „Er funktionierte perfekt. Es war zwar nicht möglich, ihn zu lenken, aber er glitt anmutig zum Erdboden: **A perfect jump**.“

1 Erstellt eine Übersicht über die Entwicklung von Leonardo über Adrian Nicholas bis Olivier Vietti-Teppa.
Notiert dazu aus den drei Texten die wichtigsten Informationen in Stichworten, z. B. zur Idee, zu den Unterschieden, den Zielen und den Ergebnissen.

Leonardo
- Entwurf 1485
- ...
- ...

Adrian Nicholas
- ...
- ...
- ...

Olivier Vietti-Teppa
- ...
- ...
- ...

2 Gestaltet für Leonardo eine Zeitreise in die heutige Zeit oder in die Zukunft.
Erstellt dazu eine Mindmap:

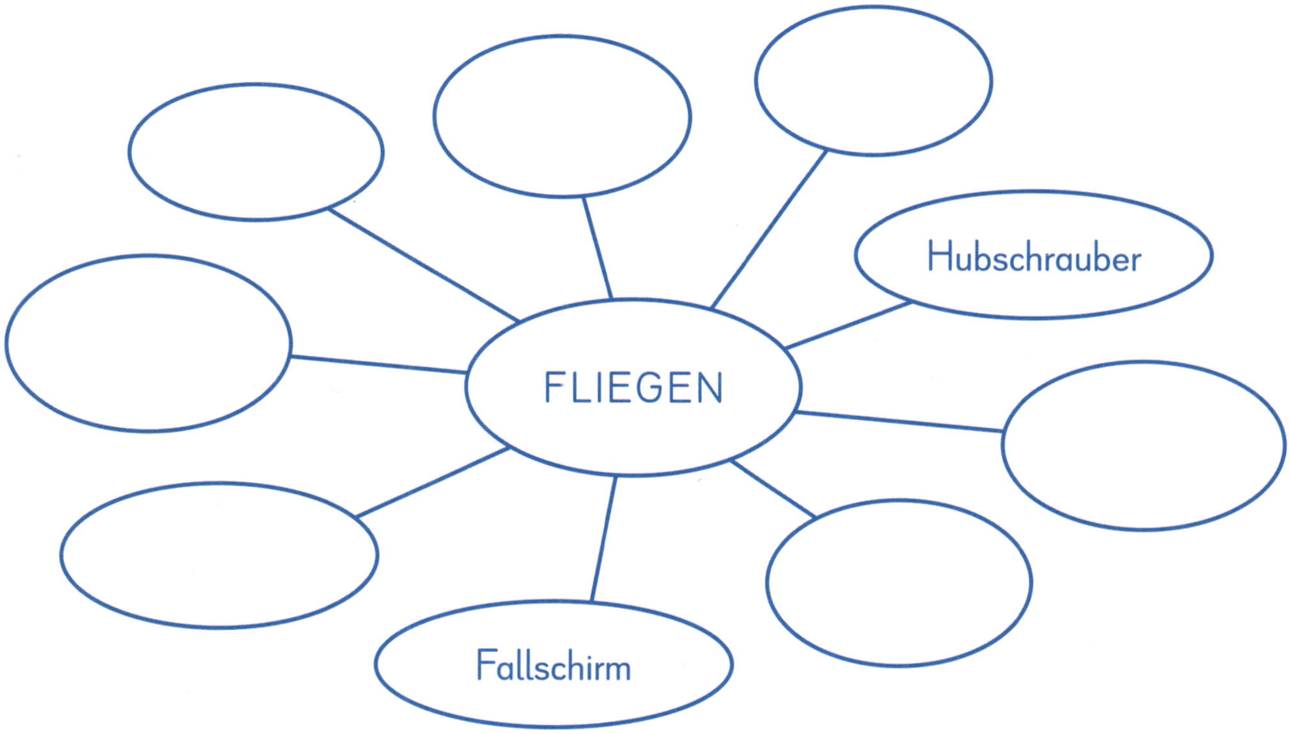

3 Nutze die Mindmap und verfasse einen eigenen Text.
Du kannst:
- einen Sachtext schreiben,
- über ein eigenes Erlebnis beim Fliegen erzählen oder
- eine Fantasiegeschichte schreiben.

Informiert euch über moderne Fallschirme. Erstellt dazu mit Bildern und kleinen Texten eine Wandzeitung.

Eine Maschine erfinden und erklären

Leonardo war in vielen Dingen seiner Zeit weit voraus und machte unglaubliche Erfindungen.
In seinen Gedanken und auf dem Papier konstruierte er komplizierte Maschinen, ohne sie jemals ausprobieren zu können. So mussten sie Jahrhunderte später noch einmal entworfen werden. Für viele seiner Ideen fehlten in der damaligen Zeit noch die technischen Voraussetzungen, die Werkzeuge und die Materialien, um sie herstellen zu können. Mensch, Tier und die Kräfte von Wasser und Wind waren auch in den folgenden Jahrhunderten die einzigen Energiequellen, die zur Verfügung standen. Außerdem konnten viele Zeitgenossen die Erfindungen Leonardos nicht verstehen.

1 Ordnet die Skizzen den passenden Benennungen zu.

A Scheinwerfer | B Verladekran | C Bohrmaschine

D Wasserschraube | E Buchdruckpresse

1

2

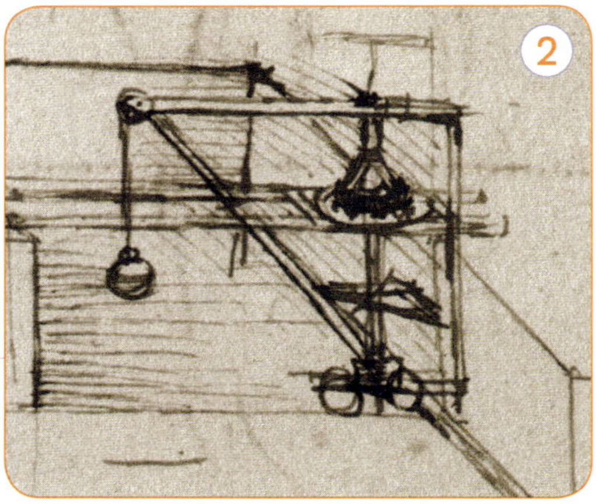

3

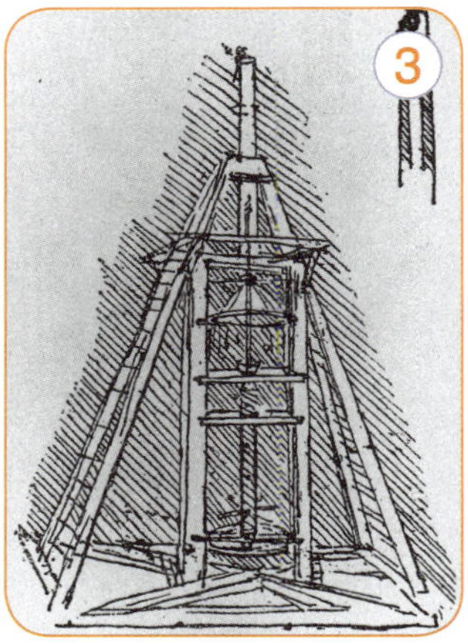

4

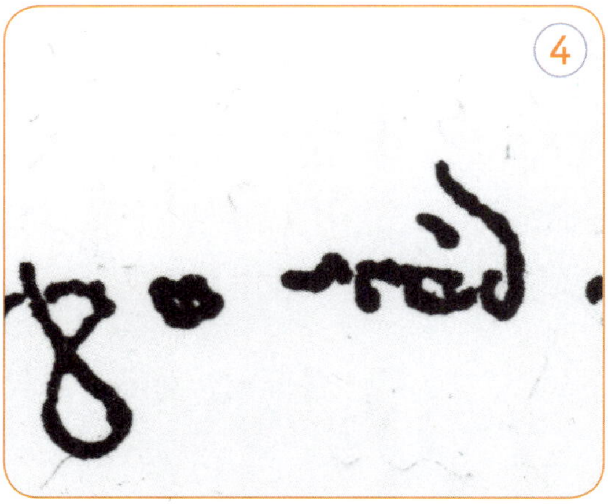

5

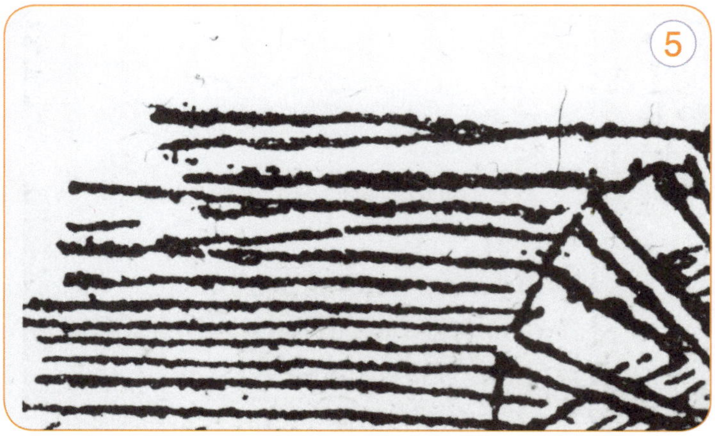

→ siehe Seite IV

2 Erfindet eine eigene Maschine, die ihr euch für die Zukunft wünscht.

a) Zeichnet die Maschine.

b) Verfasst eine Beschreibung und Bedienungsanleitung.

3 Entwerft einen Werbespruch oder ein Werbeplakat für eure Maschine.

4 Baut dazu ein Reliefbild aus Holz.
Ihr braucht folgende Materialien:

- eine dünne Holzplatte oder einen stabilen Karton
- Acrylfarben
- Werkzeug, Nägel, Holzleim
- verschiedenste Stücke Holz
- alles Weitere, was für deine Maschine notwendig ist

Bemalt eure Grundplatte und, wenn ihr wollt, auch eure Einzelteile. Klebt oder nagelt diese auf der Grundplatte fest und ergänzt alle weiteren Elemente.

→ siehe Seite IV

Medien über Leonardo kennenlernen und vorstellen

1 Diese Auswahl aus einer Bibliothek stellt euch Bücher und CDs über Leonardo vor. Lest die Klappentexte und überlegt, was ihr gerne lesen oder anhören möchtet. Vielleicht findet ihr etwas davon in eurer Bücherei.

Ich habe mir das Buch „Der geheime Flug des Leonardo“ von Mary Pope Osborne ausgeliehen.

In einer aufregenden Zeitreise treffen Anne und Philipp den berühmten Maler und Erfinder Leonardo da Vinci. Sie dürfen einen ganzen Tag mit ihm verbringen und sind begeistert. Mit Leonardo durchstreifen sie seine Heimatstadt Florenz und er zeigt ihnen seine faszinierenden Erfindungen und Kunstwerke.

Doch Leonardo schwebt in großer Gefahr: Er plant einen Flugversuch mit seiner selbstgebauten Flugmaschine – und riskiert dabei sein Leben!

Leonardo da Vinci für Kinder bietet eine faszinierende … Reise in die Welt des Universalgenies der Renaissance. Leben und Werk da Vincis werden anhand seiner berühmtesten Bilder vorgestellt und seine Kunstwerke auf einfache Weise erlebbar gemacht.

Wie verbrachte Leonardo … seine Kindheit in dem kleinen Dorf Vinci? Wer förderte seine vielen Talente? Woher nahm er seine Ideen und den Antrieb, die verrücktesten Dinge auszuprobieren? Welche Geschichte verbirgt sich hinter dem geheimnisvoll lächelnden Gesicht der Mona Lisa? Und welche Bedeutung hat eigentlich das schöne Wort sfumato? Fragen über Fragen, die in diesem Hörspiel für Kinder beantwortet werden.

In die Rolle Leonardo da Vincis schlüpfen

1 Ergänze die Sätze, die Leonardo über sich sagen könnte. Suche dazu zunächst auf Seite 6 die passenden Felder und rahme sie in der jeweiligen Farbe ein.

- Geboren bin ich am ____________________
- Mein Heimatort ____________________
- Meine Mutter ist ____________________
- Mein Vater ____________________
- Meine Eltern ____________________
- Mein Großvater ____________________
- Mein Onkel ____________________
- Meine Kindheit ____________________
- Meine Lieblingsbeschäftigung ____________________
- Ich genoss eine Kindheit mit viel Freiheit. Das heißt ____________________

2 Welche Frage hättest du Leonardo gern gestellt?

____

→ zu Seite 6/7

Am Ende seiner Ausbildung kann Leonardo vielfältige Fähigkeiten und besondere Talente präsentieren.

1 Finde mit Hilfe der Texte und Bilder auf den Seiten 10 und 11 heraus, was Leonardo in seiner Ausbildung alles gelernt hat.
Ergänze die Sätze und notiere weitere.

Niveau der Anforderung

Was ich, Leonardo, nun alles kann

○ Ich kann die Werkstatt gründlich fegen und sorgfältig putzen.

○ Ich kann aus ______.

○ Besonders gut ______.

○ Ich ______.

○ Stolz bin ich, dass ______.

○ Ich ______.

○ Auch kann ich gut ______.

○ Ich kann ______.

○ ______
______.

● ______
______.

● ______
______.

2 Entscheide, wie anspruchsvoll du die Aufgaben in **1** findest.
Markiere die Kreise jeweils in der entsprechenden Farbe:
● leicht, ● mittel, ● schwer.

3 Tauscht euch über eure Ergebnisse aus.

→ zu Seite 10/11

Spiegelschrift lesen und schreiben

1 Lies den in Spiegelschrift geschriebenen Text. Übertrage ihn auf die Zeilen.

Leonardo war bereits
ein moderner Europäer.
Er machte viele Erfin-
dungen und Beobach-
tungen, die noch heute
von Bedeutung sind.
Seine Bilder sind heute
in vielen großen Museen
in fast ganz Europa
zu bestaunen.

Leonardo

2 Schreibe deinen Namen und die Namen deiner Freundinnen und Freunde in Spiegelschrift auf.

3 Lies den Text auf Seite 12 genau. Markiere im Text, warum Leonardo vermutlich in Spiegelschrift in seine Notizbücher schrieb. Schreibe die Gründe hier auf.

→ zu Seite 12/13

Neue Maschinen erfinden und zeichnen

1 Denke dir vier Maschinen aus, die du dir für die Zukunft wünschst.
Zeichne und beschrifte deine Maschinen.

Meine Erfindungen

Erfindung 1: ______________

Erfindung 2: ______________

Erfindung 3: ______________

Erfindung 4: ______________

→ zu Seite 18/19

1 Betrachte das Bild von Mona Lisa auf Seite 22 und lies den Text auf Seite 23. Schreibe mit den Informationen aus Bild und Text sowie deinen eigenen Gedanken ein Abecedarium über Mona Lisa.

Mona-Lisa-Abecedarium

A atemberaubend ____

B ____

C ____

D ____

E ____

F ____

G ____

H ____

I ____

J ____

K ____

L ____

M ____

N ____

O ____

P ____

Q ____

R ____

S ____

T ____

U ____

V ____

W ____

XYZ ____

2 Tragt euch eure Abecedarien gegenseitig vor und vergleicht sie.

→ zu Seite 22/23

Stationen in Leonardos Leben erräten

Leonardo reiste gern und in seinem Leben gab es viele bedeutende Stationen.

1 Finde heraus, welche Städte und welches Land aus Leonardos Leben beschrieben werden. Ordne durch Nummerieren passend zu. Trage die gemeinten Orte in das Rätsel unten ein.

1 Diese Stadt ist die Hauptstadt des heutigen Italiens.

2 In dieser Stadt begann Leonardo seine Ausbildung als Künstler.

3 Diese Stadt liegt am Meer und Leonardo reiste gern hierher.

4 In dieser Stadt in Norditalien arbeitete Leonardo als Militäringenieur.

5 In der Zeit Leonardos bestand dieses Land noch aus vielen kleinen Ländern.

6 In diesem Dorf in der Nähe von Florenz wurde Leonardo im Jahr 1452 geboren.

7 Hierher hat ihn der französische König eingeladen.

8 In diese Stadt strömen heute jährlich viele Menschen, um ein berühmtes Gemälde Leonardos zu bewundern.

- [ ] Er kam im Jahr 1499 hierher und erfand technische Wunderwerke.
- [ ] Aber überall sprach man schon damals Italienisch.
- [1] Leonardo arbeitete hier für den Papst.
- [ ] Er verbrachte hier seine letzten drei Lebensjahre und starb 1519.
- [ ] Es ist die Hauptstadt Frankreichs.
- [ ] Hier lebten viele andere Künstler und Gelehrte.
- [ ] Hier erforschte er die Ursachen der Pest und erfand die Müllabfuhr.
- [ ] Hier streifte er oft stundenlang durch die Natur. Er beobachtete und zeichnete Tiere, Pflanzen und Landschaften.

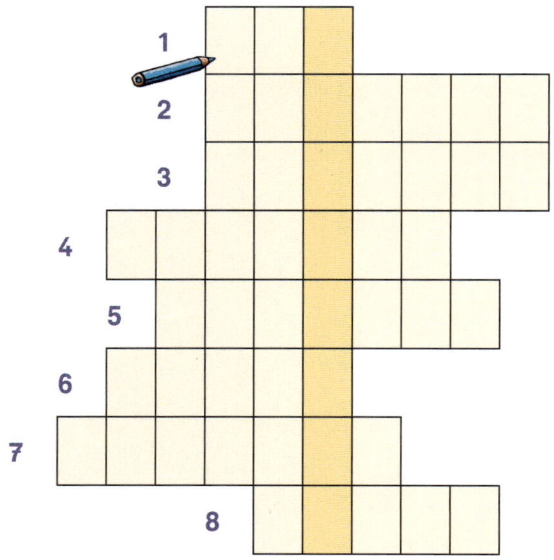

2 Male das Lösungswort aus **1** in das freie Feld.

→ zu Seite 28/29

❶ Recherchiert, welche wichtigen Bilder und Zeichnungen Leonardos in großen Museen Europas zu betrachten sind, und füllt die Lücken aus.

Louvre

Land: Frankreich

Stadt: ______

Werk: ______

Alte Pinakothek

Land: ______

Stadt: ______

Werk: ______

Spanische Nationalbibliothek

Land: ______

Stadt: ______

Werk: ______

National Gallery

Land: ______

Stadt: ______

Werk: ______

Uffizien

Land: ______

Stadt: ______

Werk: ______

→ zu Seite 36

Über das Projekt nachdenken

1 Trage deine Gedanken über das Projekt in die Felder ein.

Mir hat besonders viel Spaß gemacht	Das möchte ich mir merken

Gut gelungen ist uns bei der Projektarbeit

Das würde ich beim nächsten Projekt verbessern	Das möchte ich noch zum Projekt sagen

2 Setzt euch zusammen und tauscht euch dazu aus.

→ zu Seite 37

Luca Novelli erzählt lebhaft und spannend von Leonardos rastlosem Leben im Dienste der Mächtigen seiner Zeit, von Auseinandersetzungen mit der Kirche und Obrigkeit, von seinen großen Kunstwerken und Erfindungen.
Die spannende Geschichte eines der größten Universalgenies der Welt.

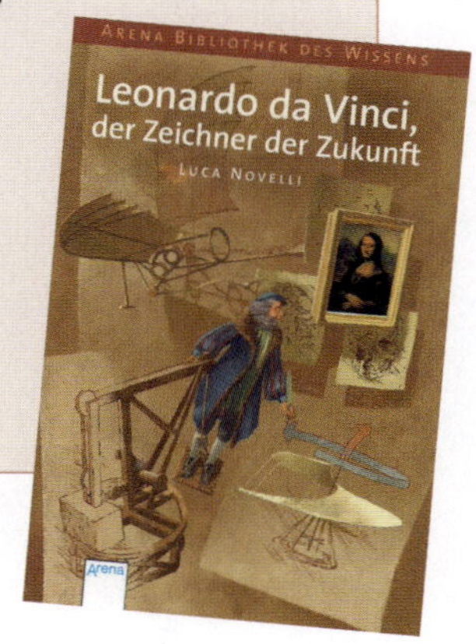

2 Wählt eines der vorgestellten Medien oder ein anderes Medium über Leonardo aus und bereitet dazu eine Präsentation vor. Nutzt das folgende Raster.
Ihr könnt es verändern oder erweitern.

Info zum Buch, zur CD: Titel: Verlag: Erscheinungsjahr:	**Infos zum Autor:** Autor: geboren am: Geburtsort: Lebenslauf: Was er sonst noch geschrieben hat:
Informationen zum Inhalt: Untersucht das Inhaltsverzeichnis und berichtet, über welche Themen der Leser etwas erfahren kann.	**Interessantes und Neues im Buch, auf der CD:** Überlegt euch, welche Informationen für euch ganz neu waren. Schreibt, zeichnet und erzählt darüber.
Was mich am meisten beeindruckt hat: Stellt den interessantesten Teil vor und gebt eine Leseprobe.	**Meine Meinung zum Buch:** Nehmt Stellung zum Buch, zur CD: – Ich finde gut an dem Buch, der CD, … – Ich finde nicht gut an dem Buch, der CD, …

1 Betrachtet in Ruhe das Bild und lasst es auf euch wirken.
Besprecht miteinander eure Eindrücke.

Lest dann dazu den Text, den Mona Lisa über sich geschrieben haben könnte.

→ siehe Seite V

Eigentlich brauche ich mich nicht mehr vorzustellen, denn mein Gesicht und mein Name sind weltbekannt. Mein Bild ist vielleicht sogar das berühmteste Gemälde weltweit, das es jemals gab. Es ist 77 cm × 53 cm groß und hängt heute im Louvre in Paris. Leonardo da Vinci malte es zwischen 1503 und 1506 in Öl auf Holz.
Mein richtiger Name ist Lisa del Giocondo. Vielleicht kam Leonardo deshalb auf die Idee, mich lächelnd zu malen, denn „LA GIOCONDA" bedeutet „die Heitere". So heißt das Bild im Italienischen.

Mein Ehemann Francesco, ein vornehmer Kaufmann in Florenz, soll über die Geburt unseres ersten Sohnes so glücklich gewesen sein, dass er Leonardo den Auftrag erteilte, mich zu malen. Doch er bekam das Bild niemals zu Gesicht. Leonardo war das Bild ans Herz gewachsen und er behielt es auch auf all seinen Reisen bei sich. Erst kurz vor seinem Tod schenkte er es dem König von Frankreich. Dieses Bild war eines der wenigen, die er wirklich fertig gemalt hatte.

Für mein Porträt musste ich über drei Jahre immer wieder zu langen Malsitzungen in Leonardos Atelier kommen. Mein verzauberndes Lächeln war ihm so wichtig, dass er sich einiges einfallen ließ, um mich bei heiterer Laune zu halten. Er sorgte dafür, dass immer jemand im Atelier war, der sang, musizierte oder Scherze trieb.

Millionen von Menschen besuchen jedes Jahr den Louvre. Dort hängt das Bild hinter einer unzerstörbaren Verglasung. Aber nicht immer war der Louvre so gut gesichert wie heute. So gelang es in der Nacht vom 22. zum 23. August 1911 einem Dieb, das schon damals bedeutendste Gemälde der Welt ungehindert zu stehlen. Erst nach zwei Jahren tauchte das Bild in Italien wieder auf und kehrte zurück in den Louvre.
George Sand, eine französische Schriftstellerin, schrieb über mein Bild: „Wer sie nur kurz gesehen hat, kann sie nie wieder vergessen."

2 Sucht im Text die wichtigsten Informationen über die Person und das Bild „Mona Lisa" heraus und gestaltet damit ein Plakat. Ergänzt es mit einem Bild von Mona Lisa.

3 Überlegt euch, was ihr Mona Lisa gerne fragen würdet. Verfasst dazu eine E-Mail an sie.

→ siehe Seite V

Porträts betrachten und in Worte fassen

Die Dame mit dem Hermelin

- entstanden 1489/90
- mit Ölfarben auf Holz gemalt
- nur 40 × 55 cm groß
- Porträt der 17-jährigen Cecilia Gallerani
- Sie lebte am Hof des Herzogs von Mailand.
- Das Bild gehört dem Nationalmuseum in **Krakau**.

1 Betrachte beide Bilder und lies die Informationen daneben.

2 Arbeite mit den Ideenkarten aus dem Schreibatelier.

- Du findest auf diesen beiden Seiten eine Palette voller Anregungen und Aufgaben zu beiden Bildern.
- Verschaffe dir einen Überblick.
- Entscheide dich zunächst für eine Aufgabe und für ein Bild, das du bearbeiten möchtest. Natürlich kannst du die gleiche Aufgabe auch für das andere Bild auswählen.
- Bearbeite weitere Aufgaben.

Ein Bild erzählt mehr als 1000 Worte.

- Überlege, welcher Gedanke dir zum gewählten Bild als Erstes in den Sinn kommt.
- Fasse diesen in ein Wort und schreibe es in die Mitte eines Ideennetzes. Sammle in deinem Netz alle Wörter, die dir einfallen.
- Verfasse aus deinen Wörtern einen Text, der aus höchstens 100 Wörtern besteht.

Johannes der Täufer
(italienisch: San Giovanni Battista)

- entstanden 1513–1516
- mit Ölfarben auf Holz gemalt
- 69,2 × 57,2 cm groß
- zeigt Johannes den Täufer als Einsiedler im Fellmantel
- vermutlich das letzte Gemälde Leonardos vor seinem Tod
- Das Bild gehört dem **Louvre** in Paris.

Fragen stellen und Antworten sammeln

Wohin blickt Cecilia? oder
Warum lächelt Johannes?

- Stellt eigene Fragen zu den Bildern und schreibt sie auf.
- Sammelt in der Klasse, bei Eltern und Freunden Antworten und notiert sie.
- Hängt die Fragen mit den zugehörigen Antworten geordnet an einer Lesewand auf.

Bilder malen oder Texte schreiben

Was sieht Cecilia? oder
Worauf deutet Johannes?

- Male dazu ein eigenes Bild oder schreibe einen Text.

Cecilia oder Johannes steigt aus dem Bild und erzählt ...

- Findet euch in die Figur hinein und schreibt auf, was er oder sie zu erzählen hat.

Stell dir vor: Leonardo malt dich

- Überlege, wie Leonardo dich malen sollte.
- Skizziere dich auf einem Blatt Papier und notiere, wie du dir das gesamte Bild vorstellst.
- Denke auch an die Gestaltung des Hintergrundes.

Wenn ihr im Internet oder in verschiedenen Büchern lest, findet ihr noch weitere Porträts von Leonardo.

Einen Vortrag über das Bild „Das Abendmahl“ erarbeiten

Buon giorno! Ich begrüße Sie hier im Speisesaal der Mönche im Kloster Santa Maria delle Grazie in Mailand. Sie stehen hier vor einem der bekanntesten Werke der **Renaissance**: Leonardos Wandgemälde „Das Abendmahl“, das er im Auftrag des **Herzogs Ludovico Sforza** malte. Schon viele andere Maler vor Leonardo hatten zu diesem Thema Werke geschaffen und er wollte es jetzt in seiner besonderen Weise malen. Er wollte die Gefühle jedes Einzelnen darstellen. Betrachten Sie von links die Apostel Bartholomäus, Jakobus, Andreas, Judas, Petrus, Johannes, dann in der Mitte Jesus und im Anschluss die anderen Jünger Thomas, Jakobus den Älteren, Philippus, Matthäus, Thaddäus, Simon.
Leonardo wollte den Moment darstellen, in dem Jesus den Jüngern erklärte: „Einer von euch wird mich verraten!“ Sicher können Sie sich vorstellen, wie schockiert und ungläubig die Jünger auf diese ungeheuerliche Ankündigung reagierten. Ihr Entsetzen und ihre Fassungslosigkeit sollten sich in ihren Gesichtern und Bewegungen zeigen. „Meint Jesus das wirklich? Das kann doch nicht wahr sein. Wie kann er einem von uns so etwas zutrauen? Meint er vielleicht sogar mich?“ Diese unglaubliche Stimmung sollte aus seinem Bild sprechen.

1 Stellt die Situation als Standbild nach.

a) Überlegt, was die Jünger alles gesprochen und gerufen haben könnten. Bereitet für jeden eine große Sprechblase vor.

b) Stellt das Originalbild nach und haltet eure Sprechblasen ins Bild.

2 Macht davon ein Foto.

Leonardo begann im Jahre 1495 und malte vier Jahre lang an diesem Fresko. An manchen Tagen malte er von morgens bis zum Einbruch der Dunkelheit auf dem Gerüst. An anderen Tagen ließ er sich nur kurz im Kloster blicken. Stattdessen machte er sich auf die Suche nach geeigneten Gesichtern für sein Bild. Sobald er in der Stadt Menschen fand, die seiner Vorstellung entsprachen, skizzierte er sie in sein Notizbuch. Am schwierigsten war es für ihn sicherlich, Vorlagen für Jesus und Judas zu finden.
Dem Vorsteher des Klosters, dem Prior, dauerte die Arbeit Leonardos viel zu lange. Vielleicht hatte er auch Sorge, dass Leonardo dieses Gemälde wie manches andere nicht zu Ende bringen würde. Als er sich bei dem Herzog über Leonardo beschwerte, lachte dieser nur: „Eigentlich fehlt mir nur noch der Judas, am besten nehme ich den Prior als Vorlage."
Für Sie als Kunstkenner noch eine wichtige Information zu den neuen Maltechniken der damaligen Zeit. Der Raum, den Leonardo hier an die Wand gemalt hat, sieht aus, als wäre er die Verlängerung des Speisesaals, in dem Sie hier stehen. Die Landschaft hinten im Bild wirkt wie in Wirklichkeit leicht verschwommen. Leonardo arbeitete hier in besonderer Weise mit **Perspektive** und **Sfumato**. **Grazie per avermi ascoltato.**

3 Schlüpft in die Rolle des Fremdenführers und bereitet einen Vortrag vor. Stellt euch Stichwortkarten mit den Informationen aus dem Text her und nutzt sie zur Vorbereitung und Präsentation eures eigenen Vortrags. Achtet dabei auf eine angemessene und lebendige Betonung.

Leonardos Stationen in Italien erkunden und vorstellen

Leonardo führte ein abwechslungsreiches Leben und unternahm aufwändige Reisen. Florenz, Mailand, Venedig und Rom, vier bedeutsame Städte im heutigen Italien, waren wichtige Stationen im Leben Leonardos. Die meisten Menschen in der damaligen Zeit kamen nämlich nicht weit über ihren Wohnort hinaus.
Den ersten Abschnitt seines Lebens verbrachte Leonardo in Florenz oder in seinem Geburtsort Vinci. Mit etwa 30 Jahren ging er für fast 20 Jahre nach Mailand. Die Jahre ab 1499 bezeichnet man als seine „Reise- und Wanderjahre", in denen er auch nach Venedig und Rom kam, um dort zu arbeiten. Immer wieder kehrte er aber nach Florenz zurück. 1515 lernte er den französischen König Franz I. kennen und verließ Florenz und Italien für immer.

1. Übertragt die Karte Italiens auf eine große Wandzeitung und beschriftet sie.

→ siehe Seite VI

2 Lest den Steckbrief über die Stadt Florenz und tragt Florenz auf eurer Landkarte ein.

Florenz (italienisch: Firenze)
Lage: in Norditalien am Fluss Arno in der Toskana
Einwohnerzahl: heute etwa 380000 Einwohner,
im 15. Jahrhundert etwa 70000
Besondere Sehenswürdigkeiten:
Jedes Jahr besuchen Millionen von Touristen die Stadt, ihre Museen und Sehenswürdigkeiten.

Der Ponte Vecchio

Der Dom

Geschichte: Außer Leonardo lebten hier weitere Gelehrte und Künstler, z.B. Michelangelo. Die Stadt war das kulturelle Zentrum der Renaissance. Zwischen 1865 und 1871 war sie sogar Italiens Hauptstadt.
Seit 1982 gehört Florenz zum Weltkulturerbe.

3 Recherchiert auch im Internet über Mailand, Venedig und Rom.
Erstellt mit den gesammelten Informationen und Bildern weitere Steckbriefe.
Ergänzt die Städte auf euren Landkarten.

Venedig

Rom

Mailand

4 Richtet mit euren Ergebnissen eine Ausstellungswand ein und stellt sie euch gegenseitig vor.

→ siehe Seite VI

Den Körper entdecken und betrachten

1 Lest die Texte und betrachtet die Bilder.

Wie andere Künstler seiner Zeit versuchte Leonardo in seinen Bildern, Menschen und Tiere naturgetreu abzubilden, und beobachtete sie daher in allen Einzelheiten. Doch seine Neugier trieb ihn weiter. Er wollte verstehen, wie der Körper unter der Oberfläche funktioniert, um ein Lebewesen noch besser abbilden zu können.

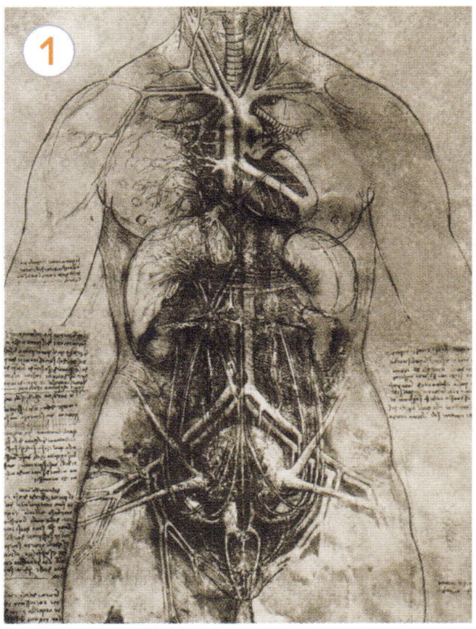

Wie sieht es unter der Haut der Lebewesen aus?
Wo verlaufen Knochen und Muskeln im Körper?
Was verändert sich bei verschiedenen Bewegungen?
Wie arbeitet das Herz?

Um auf diese und viele andere Fragen Antworten zu finden, unternahm er **anatomische Studien** an toten Tieren und Menschen.
Die Untersuchungen an menschlichen Toten waren damals allerdings streng verboten und Leonardo musste heimlich arbeiten.

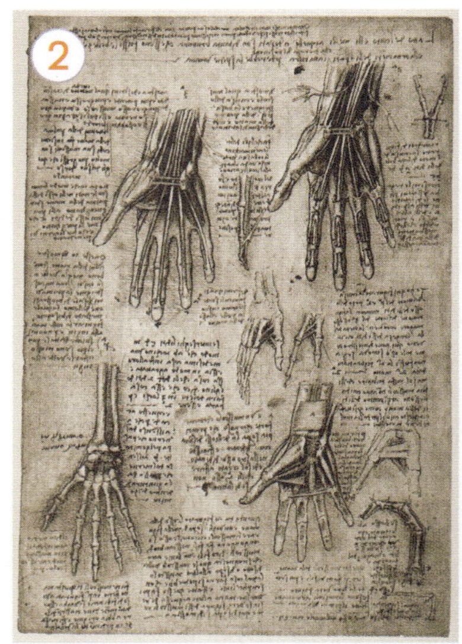

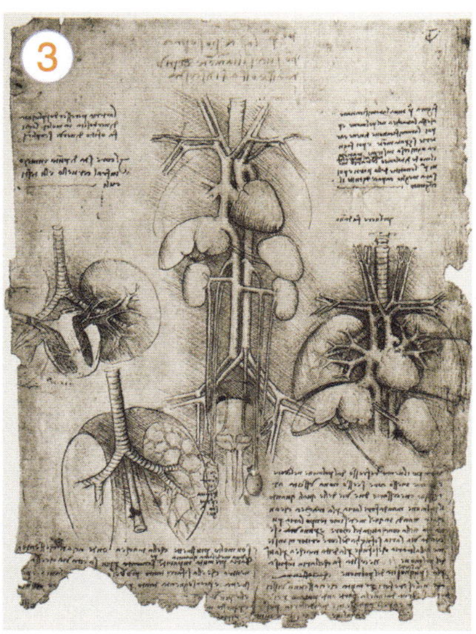

Die Ergebnisse seiner Forschungen hielt er in genauen Zeichnungen und ausführlichen Texten fest. Sie waren lange Zeit die einzige Hilfe für Ärzte, die verstehen wollten, was im Körper ihrer Patienten vor sich ging.

2 Gebt jedem dieser Bilder eine Überschrift, die Leonardo in seinem Notizbuch aufgeschrieben haben könnte.

1. …
2. …
3. …

Betrachtet eure Hände bei verschiedenen Bewegungen.
Bewegt sie langsam und haltet eine Ansicht fest. Fotografiert sie oder zeichnet sie auf. Ihr könnt auch wie bei einem Schattenspiel eure Hand auf ein Papier projizieren und nachzeichnen.

3 Erstellt auf einem großen Wandplakat ein Abc-Darium über das, was eure Hände alles können.

HÄNDE KÖNNEN … Ein Abc-Darium

A
B
C
D dirigieren
E einwickeln
F
G
H
I
J jonglieren
K
L
M
N
O
P pflücken
Qu
R
S sortieren
…

4 Wählt aus dem Abc-Darium Verben aus und verfasst dazu kleine Gedichte, z. B. Elfchen. Veröffentlicht sie zum Beispiel zusammen mit euren Zeichnungen an einer Ausstellungswand.

boxen
geballte Faust
mit voller Kraft
ich hole weit aus
Boxsack

malen
dicker Pinsel
bunte Farben leuchten
ich schau dich an
Freude

Verschiedene Seiten Leonardos betrachten

1 Lest die Texte und betrachtet die Bilder.

1

Leonardo lebte in einer kriegerischen Zeit. Im Jahre 1482 bewarb er sich beim mächtigen **Herzog Ludovico Sforza** von Mailand als Militäringenieur. In einem Schreiben stellte er seine besonderen Kenntnisse und Fähigkeiten in der Waffentechnik dar. Er bot seine vielfältigen Erfindungen von Waffen an, wie z. B. eine Riesenarmbrust, ein Unterseeboot, einen Panzer und Geschütze, und beschrieb sie in vielen Einzelheiten.

Außerdem wusste er, dass der Herzog gerne spektakuläre Feste feierte und seine Gäste mit besonderen Attraktionen unterhielt. Er unterbreitete ihm dafür Vorschläge und erwähnte dabei noch seine künstlerischen Fähigkeiten. Leonardo war genau der Mann, den der Herzog brauchte: „ein Universalgenie, ein Mann für den Krieg, für die Unterhaltung und für die Kunst.“ Silke Vry

2

Leonardo war als sehr friedliebend bekannt. Er war Vegetarier und konnte Tiere nicht leiden sehen. Auf dem Markt kaufte er gefangene Vögel, um sie freizulassen.

Keine seiner entworfenen und gezeichneten Waffen wurde gebaut. Viele Skizzen hielt er auch geheim, damit sie nicht in die Hände der Krieg führenden Fürsten gerieten.

Er beschäftigte sich ausgiebig mit Erfindungen zur Verbesserung der Lebensbedingungen der Menschen. So beobachtete er das Leben der Menschen in Mailand und erforschte die Ursachen der Pest, die ab 1484 in Mailand wütete. Hier plante und organisierte er die erste Müllabfuhr, weil er im herumliegenden Müll die Ursache der **Seuche** erkannte.

Im Jahre 1504 begann Leonardo das Wandgemälde der „Schlacht von Anghiari“. Im Buch „Mit Anne und Philipp bei Leonardo da Vinci“ findest du folgenden Abschnitt:

3

Leonardo stellte seinen Korb ab, breitete die Arme aus und rief: „Mein Fresko!“ „Wahnsinn“, flüsterte Philipp. Sie befanden sich in einem ungeheuer großen Saal mit hohen Bogenfenstern und weißen Wänden. … An der Wand über ihnen war Leonardos riesiges Gemälde zu sehen: Männer auf Pferden kämpften um eine Fahne. Grimmig hieben die Männer mit ihren Schwertern aufeinander ein, ihre Gesichter waren wutverzerrt. Selbst die Pferde sahen wild und zornig aus. „Die Stadt bezahlt mich dafür, dass ich hier eine Szene aus einer Schlacht male, die einst bei der Verteidigung von Florenz ausgetragen wurde“, erklärte Leonardo.

„Sie wollten eigentlich, dass ich diese Schlacht als Ruhmestat darstelle. Aber ich bin überzeugt, dass Krieg immer ein bestialischer Wahnsinn ist. Ich hoffe, das sieht man auf meinem Bild.“ „Oh ja, das sieht man“, bestätigte Anne. Philipp nickte. Dieses Bild machte ihm richtig Angst.

Mary Pope Osborne

2 Besprecht eure ersten Eindrücke und Gedanken. Vergleicht und überlegt, was mit den einzelnen drei Texten über Leonardo ausgesagt wird.

3 Schreibt oder zeichnet die wichtigsten Informationen auf einzelne Kärtchen und ordnet sie in zwei Spalten. Führt einen Disput über die verschiedenen Seiten des Leonardo.

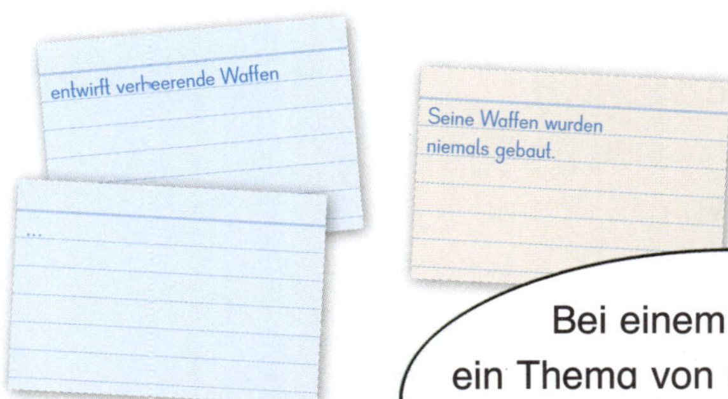

Bei einem Disput wird ein Thema von unterschiedlichen Seiten betrachtet und Argumente werden ausgetauscht.

Die Zeit Leonardos auf einer Zeitleiste darstellen

Leonardo lebte in einer spannenden Zeit. Das Mittelalter ging zu Ende und es brach eine neue Zeit an, die **RENAISSANCE**. Das ist ein französisches Wort und bedeutet „Wiedergeburt“. Neu entdeckt wurden die Bücher und das Wissen der alten Griechen, z. B. über Mathematik, Architektur und die Naturwissenschaften. Schon damals in ihrer Zeit, der Antike, hatten sie sich mit dem Menschen und der Natur beschäftigt. Die Menschen in Leonardos Zeitalter fingen neugierig an, Fragen zu stellen, zu forschen und in die Welt zu fahren. Manche wurden Wissenschaftler und erkundeten den Menschen, die Gesetze der Natur und die Welt.

Christoph Kolumbus gelangte im Jahr 1492 nach Amerika.

Johannes Gutenberg erfand um 1450 den Buchdruck.

Nikolaus Kopernikus verkündete um 1509 ein neues Weltbild: Die Sonne steht im Mittelpunkt, und die Erde und die anderen Planeten drehen sich um sie.

R E N A I S S A N C E

1450 1460 1470 1480

Leonardo zog nach dem Tod seines Großvaters im Alter von 12 Jahren nach Florenz.

1 Erstellt gemeinsam in eurer Klasse eine Wandzeitung über die Zeit, in der Leonardo lebte. Im Folgenden findet ihr einen Vorschlag zur Herstellung.

a) Nehmt eine Rolle Packpapier von ungefähr 3,50 m Länge.

b) Zeichnet darauf die Zeitleiste.
Verwendet jeweils für eine Spanne von 10 Jahren = 50 cm.

c) Stellt mit Texten und Bildern Karten für Ereignisse und andere Personen dieser Zeit her. Verwendet dafür Papier in DIN-A5-Format.

d) Sucht in diesem Projektheft und euren Büchern nach Jahreszahlen und Informationen über Leonardos Lebenslauf und erstellt damit ebenfalls Karten.

e) Ordnet sie auf eurem Zeitstrahl an und klebt sie auf.

Der bedeutende Mathematiker Luca Pacioli war ein Freund Leonardos. Zusammen gaben sie im Jahre 1509 ein Mathematikbuch heraus.

Martin Luther veröffentlichte 1517 seine 95 Thesen und leitete damit die Reformation ein.

Im Jahr 1519 begann Ferdinand Magellan mit einer Flotte von 5 Schiffen die erste Weltumsegelung.

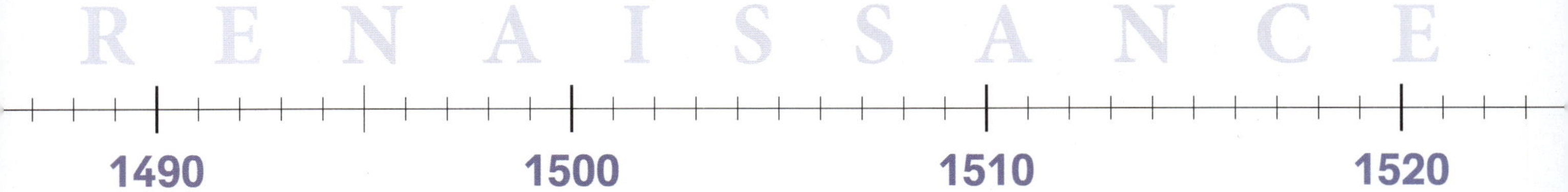

1515 lernte Leonardo den französischen König Franz I. kennen.

2 Entscheidet euch für einen Zeitgenossen von Leonardo. Recherchiert über sein Leben und erstellt ein Plakat.

Leonardo in der heutigen Zeit begegnen

Leonardo ist mit seiner genialen und vielfältigen Arbeit auch in der heutigen Zeit noch gegenwärtig und lebendig. In verschiedenen Museen Europas sind Werke von ihm zu betrachten. So sind zum Beispiel im Louvre in Paris mehrere Werke Leonardos gesammelt und ausgestellt. In Amboise in Frankreich hatte er auf Einladung des französischen Königs seit 1516 seine letzten Lebensjahre verbracht, wo er am 2. Mai 1519 auch starb.

1. Besorgt euch eine große Europakarte oder zeichnet sie selbst auf eine Plakatwand. Findet heraus, in welchen europäischen Museen Werke von Leonardo zu sehen sind. Ihr könnt die Werke aus diesem Projektheft verwenden. Zeichnet die Standorte in eure Karte ein.

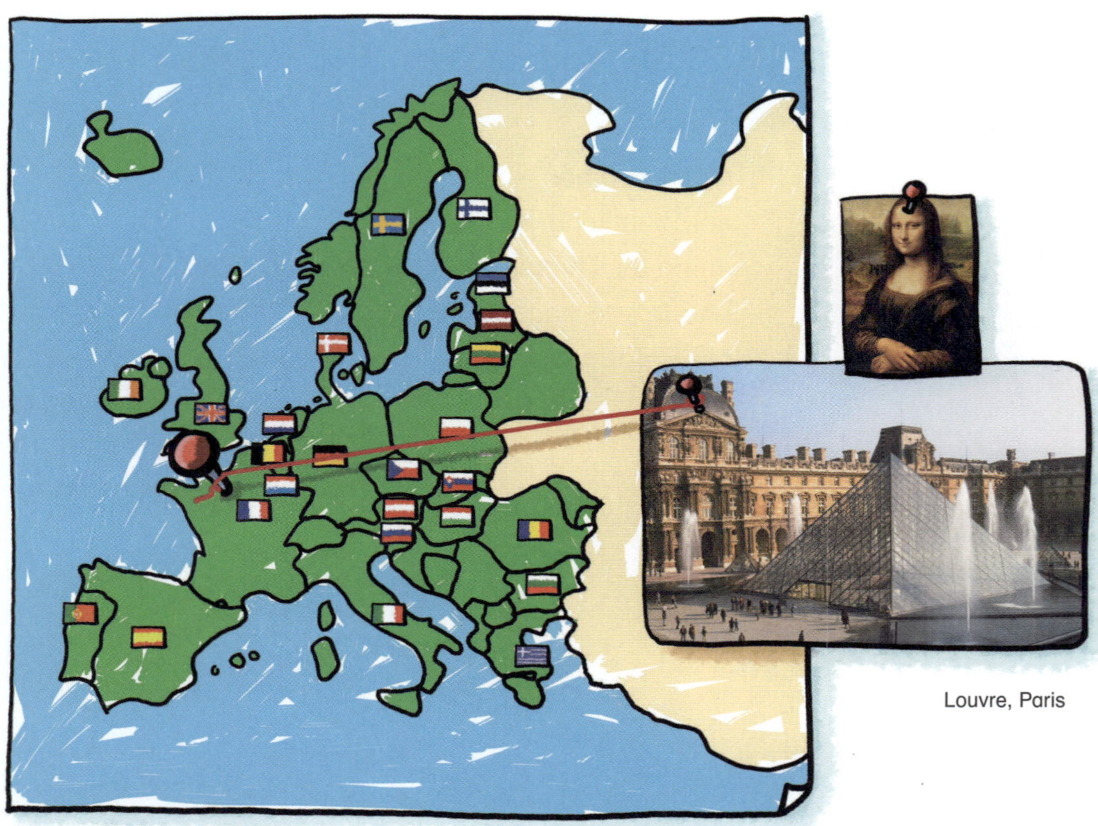

Louvre, Paris

2. Um eure Karte anschaulicher zu gestalten, könnt ihr Bildkarten von den Kunstwerken und von den Museen an die Karte heften.

Wenn ihr im Internet oder in verschiedenen Büchern lest, findet ihr noch weitere Kunstwerke und ihre Ausstellungsorte, die ihr auf der Karte ergänzen könnt.

→ siehe Seite VII

Andy Warhol, ein moderner Künstler, ließ sich von Bildern Leonardos zu eigenen Kunstwerken anregen. So vervielfältigte er für ein Poster eine Postkarte der Mona Lisa dreißigmal und färbte diese verschieden ein.

Bei seiner Beschäftigung mit Leonardo kam er zu dem Schluss:

... heutzutage kann kein Künstler mehr mit diesem Genie verglichen werden ...

Andy Warhol, „Mona Lisa“ 1963

3 Betrachtet das Poster und sprecht über das Zitat von Andy Warhol. Nehmt dazu Stellung.

4 **Leonardo ist bis in die heutige Zeit aktuell.**
Lasst euch von diesem Gedanken anregen, eure Projektarbeit zu betrachten. Schreibt eure Gedanken auf und tauscht euch aus.

5 Gestaltet selbst ein Plakat mit euren Gedanken zu Leonardo.

→ siehe Seite VIII

Glossar

Ein Glossar ist eine Wörterliste zu einem Thema und bietet wie ein kleines Lexikon Erklärungen zu Stichwörtern. In diesem Glossar findet ihr alle unterstrichenen Wörter von den Projektseiten.

1 Klärt alle Begriffe, die euch im Laufe der Arbeit mit Leonardo begegnen. Erweitert dieses Glossar in eurer Klasse mit weiteren Begriffen und Erklärungen, die euch bei eurer Projektarbeit begegnen.

A perfect jump – (englisch) der perfekte Sprung

Anatomische Studien – Dabei erforschen Menschen den Körper von Tieren und Menschen. Sie wollen etwas erfahren über den Aufbau des Körpers, das Innere der Körperteile und die einzelnen Organe.

Architektur – Sie ist die Kunst und die Technik, Lebensräume für die Menschen zu planen und zu entwerfen: Wohnhäuser, Schulen, Fabriken, alle Arten von Gebäuden, bis hin zu ganzen Stadtteilen. Leonardo skizzierte auch Pläne für eine neue Stadt, die zweistockig sein sollte.

Astronomie – Sie ist die Wissenschaft von der Beobachtung der Sterne und des Weltalls.

Codex, in der Mehrzahl **Codices** – Codices waren früher handschriftliche Bücher. Heute liegen Codices von Leonardo in europäischen Museen, z. B. der Codex Madrid, der in zwei Bänden im Nationalmuseum in Madrid liegt.

Grazie per avermi ascoltato – (italienisch) Danke für Ihre Aufmerksamkeit

Herzog Ludovico Sforza – Er war Herzog von Mailand und wurde vermutlich wegen seiner dunklen Vergangenheit „il Moro – der Dunkle“ genannt. Er hatte sich die Herrschaft über Mailand unrechtmäßig angeeignet und führte mehrere Kriege. Er gilt als Förderer Leonardos und anderer Künstler.

Krakau – Krakau ist die zweitgrößte Stadt Polens mit einer langen Geschichte. Im Jahr 2000 war sie europäische Kulturhauptstadt.

Louvre – Dieses Museum in Paris gehört zu den bekanntesten und größten in der Welt. Jährlich besuchen vier Millionen Menschen die Ausstellungen und Sammlungen der bedeutendsten Künstler. Für Kinder aus der Europäischen Union (EU) ist der Eintritt frei.

Milan – Er ist ein mittelgroßer Raubvogel und durch seinen gekerbten Gabelschwanz leicht erkennbar.

Perspektive – Leonardo entwickelte die Technik, so zu malen, dass seine Bilder räumlich wirkten. Er malte die Dinge im Hintergrund eines Bildes kleiner.

Renaissance – Das Wort kommt aus dem Französischen und bedeutet Wiedergeburt. Es bezeichnet die Zeit nach dem Mittelalter bis zur Neuzeit. Damals wurden die Ideen der alten Griechen wieder modern.

Seuche – Seuchen sind hochansteckende Krankheiten, die zu schwerem Leiden oder dem Tod führen können. Dazu gehörte früher vor allem die Pest, der auch zu Leonardos Zeiten unzählige Menschen zum Opfer fielen. Heutzutage ist diese Krankheit praktisch ausgerottet.

Sfumato – Sfumato ist italienisch und bedeutet „rauchig“. Es bezeichnet eine Maltechnik, die Leonardo entwickelte. Landschaften im Hintergrund seiner Bilder wirken oft geheimnisvoll und weich wie im Nebel.

Skizze – In der Kunst ist es eine schnelle Zeichnung. Beim Schreiben versteht man darunter stichwortartige Notizen.

Skulptur – Skulpturen sind Figuren in allen möglichen Größen, die geschnitzt, getöpfert oder zum Beispiel aus Stein gehauen werden.

Toskana – Die Toskana ist eine Region in Italien. Sie ist bekannt für Wein und Olivenöl und auch als Urlaubsregion sehr beliebt. Ihre Hauptstadt ist Florenz.

Einsterns Schwester 4

Projektheft
Leonardo da Vinci

Herausgegeben von: Roland Bauer, Jutta Maurach

Erarbeitet von: Annette Schumpp

Redaktion: Martina Schramm, Milena Schulze, Kirsten Pauli

Illustration: Yo Rühmer, Frankfurt am Main

Umschlaggestaltung: Cornelia Gründer, agentur corngreen, Leipzig

Layout und technische Umsetzung: lernsatz.de

www.cornelsen.de

1. Auflage, 2. Druck 2018

Alle Drucke dieser Auflage sind inhaltlich unverändert
und können im Unterricht nebeneinander verwendet werden.

ISBN 978-3-06-081741-2 (Projektheft Verbrauchsmaterial)
ISBN 978-3-06-084247-6 (E-Book Einsterns Schwester 4 Verbrauchsmaterial)

Dieses Heft ist Bestandteil des Pakets „Einsterns Schwester 4“, Verbrauchsmaterial
(ISBN 978-3-06-081740-5) und kann auch einzeln bestellt werden.

Inhalt gedruckt auf säurefreiem Papier aus nachhaltiger Forstwirtschaft.